GUIDE MUSICAL DE L'ENFANCE

CONTENANT

1º Principes élémentaires complets

Divisés par petites leçons

2º

SOLFÈGE,

Composé d'exercices et de récréations dans tous les Tons majeurs et mineurs
Commençant par l'étendue de **TROIS NOTES** et ne dépassant jamais
l'octave de la **VOIX PARLÉE** des enfans.

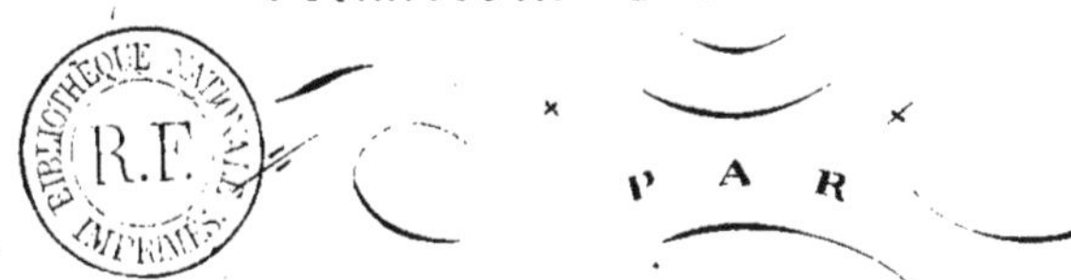

PAR

Melle H. ROBERT MAZEL

A. Lafont.

Propriété de l'Auteur. *Déposé à la Librairie*

Prix net: 3f.

A PARIS.

Chez L'AUTEUR, Rue Vivienne, Galerie et Rotonde Colbert
ESCALIER E.

Hélène Robert

INTRODUCTION.

Cet ouvrage a pour but de rendre l'étude du Solfège facile et agréable à l'enfance dès l'âge le plus tendre.

Tous les Enfans aiment le chant: il ne s'agit que de développer ce goût en eux par une bonne et précoce éducation musicale vocale.

C'est ainsi que cela se pratique en Allemagne où l'on chante au sortir du berceau; où l'on trouve de bons musiciens âgés de *7 ans*.

La première condition de succès est de donner aux enfans de la musique à leur portée. Il faut que le chant soit pour eux un repos et un plaisir.

Les Solfèges dont on se sert généralement contiennent des leçons trop difficiles et d'une étendue trop grande pour de jeunes enfans de 5 à 6 ans, et même pour les commençans de tout âge dont la voix est restreinte et qu'il faut étendre *peu à peu* si l'on veut obtenir de bons résultats.

Les nombreux exercices et les leçons que nous avons dû composer pour pouvoir faire chanter avec ménagement les voix les plus exigües et les plus délicates, nous ont servi à créer un *véritable Solfège d'Enfant* moyennant lequel les bons et les mauvais organes peuvent s'exercer sans faire le moindre effort. Loin de fatiguer les enfans, un léger travail dans les cordes naturelles de leur voix, la fortifie, la développe et, de fausse qu'elle est parfois primitivement, parvient à la rendre juste.

La 1.re Série de notre Solfège contient des exercices variés sur les *trois notes* avec lesquelles les enfans parlent et crient. Ces notes sont:

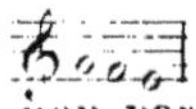

C'est donc par le *Sol* qu'il faut faire commencer à solfier et non par l'*Ut* que beaucoup d'enfans ne possèdent pas en commençant.

Les Séries suivantes augmentent d'une note d'étendue jusqu'à l'*Octave* que les voix les plus limitées finissent par atteindre.

Afin de familiariser les enfans immédiatement avec les deux modes *majeur* et *mineur*, nous avons alterné les Séries d'un mode à l'autre, et les exercices si importans des *Intervalles* sont écrits dans les *vingt-quatre Tons*, sans dépasser l'*Octave* de la *voix parlée*.

Il est bon de donner aux enfans aussi tôt que possible le goût de la *musique d'ensemble*. Ils apprendront facilement à chanter à *deux parties* moyennant les exercices des six dernières Séries du Solfège. (1)

Les principes élémentaires de cet ouvrage sont fondamentalement les mêmes que ceux des autres; mais ils sont plus complets et plus détaillés pour l'intelligence de l'élève. Ensuite, au lieu d'être disséminés parmi les exercices du Solfège, ils sont classés sans interruption dans l'ordre voulu, et divisés par petites leçons, ce qui les rend faciles à étudier.

Les bons et nombreux résultats que nous avons obtenus avec notre Méthode nous ont engagé à la publier. Nous espèrons qu'elle obtiendra les sympathies de nos confrères qui se joindront à nous pour propager et généraliser le goût de la *musique vocale* en y exerçant la jeunesse dès son premier âge.

(1) On peut entendre dans nos Classes de très jeunes enfans qui chantent avec une justesse parfaite les petits choeurs à *deux voix* faisant partie de notre recueil des *Concerts des Enfans*. L'étendue de ces morceaux est en rapport avec les principes du Solfège.

Mlle ROBERT MAZEL.

GUIDE MUSICAL
DE L'ENFANCE.

PRINCIPES ÉLÉMENTAIRES.

J'engage le Professeur à joindre le Solfège (page 45) aux Principes élémentaires dès les premières leçons.

1.re LEÇON.

DE LA **MUSIQUE**.

La *Musique* est le langage des sons produits par la Voix ou par les Instrumens qui imitent la voix.

DES **NOTES**.

On représente les *Sons* par des figures que l'on nomme *Notes*.

EXEMPLE:

Il y a *sept Notes* qui sont: *DO,(ou UT) RÉ, MI, FA, SOL, LA, SI,* en montant; ou *SI, LA, SOL, FA, MI, RÉ, DO,* en descendant.

2e LEÇON.

DE LA **PORTÉE**.

On pose les Notes sur *cinq Lignes* et *quatre Interlignes* que l'on nomme *Portée*.

FIGURE DE LA **PORTÉE**.

5e Ligne.
4e Ligne. — 4e Interligne.
3e Ligne. — 3e Interligne.
2e Ligne. — 2e Interligne.
1re Ligne. — 1re Interligne.

3e LEÇON.

DES **CLEFS**.

Pour distinguer la position des Notes on pose un *Signe* au commencement de la Portée que l'on nomme *Clef*.

Il y a trois espèces de clefs; la première est la *Clef de sol:* elle se pose principalement sur la *deuxième ligne:* et la note placée sur la même ligne se nomme *Sol*.

Exemple des notes que contient la Portée.

Cette succession de notes par *degrés conjoints*, s'appelle *Gamme*.

4e LEÇON.

DES DEGRÉS DISJOINTS.

On nomme *degrés disjoints* les notes séparées entre elles par plusieurs autres notes.

EXEMPLE ET EXERCICE DE LECTURE.

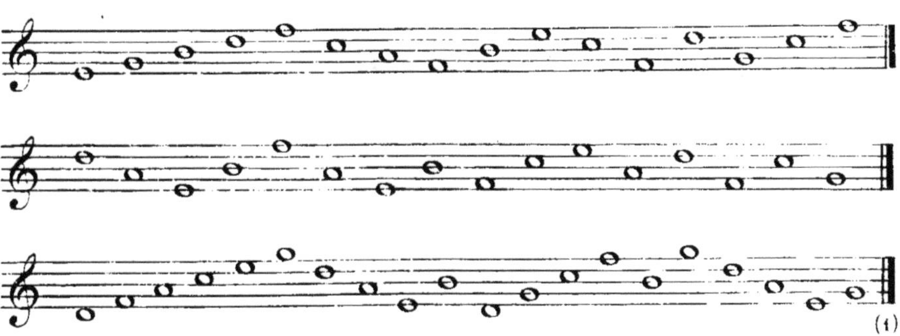

5e LEÇON.

DES LIGNES ADDITIONNELLES.

La Portée ne contenant qu'un nombre de notes limitées on ajoute des *petites lignes* que l'on nomme *lignes additionnelles* ou *supplémentaires* et sur lesquelles on pose les notes qui dépassent la Portée soit en haut ou en bas.

(1) Les *commençans* pourront s'exercer à la lecture des notes dans les différentes Séries du Solfège.

6e. LEÇON.

EXERCICE DE **LECTURE.**

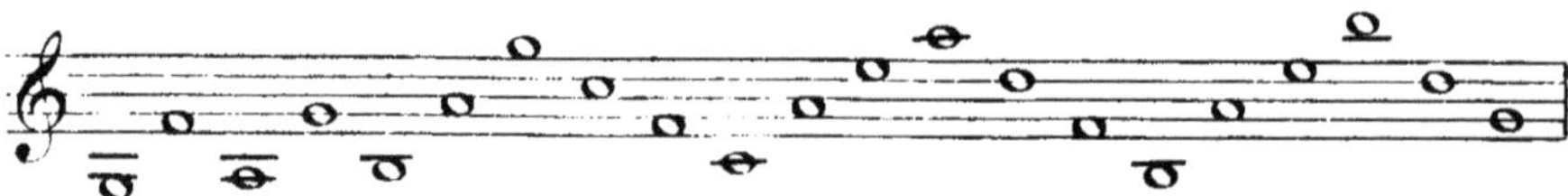

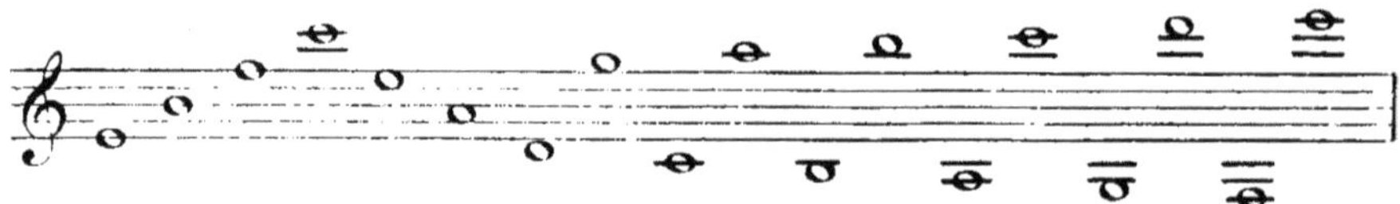

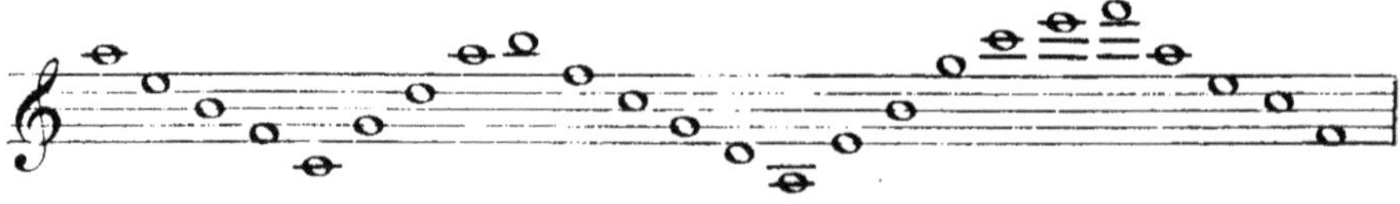

7e LEÇON.

DES FIGURES DE NOTES.

Les notes ont *différentes figures* qui indiquent leurs *diverses valeurs* en *durée*.

EXEMPLE.

8e LEÇON.

DU RAPPORT DES FIGURES DE NOTES AVEC LEURS VALEURS.

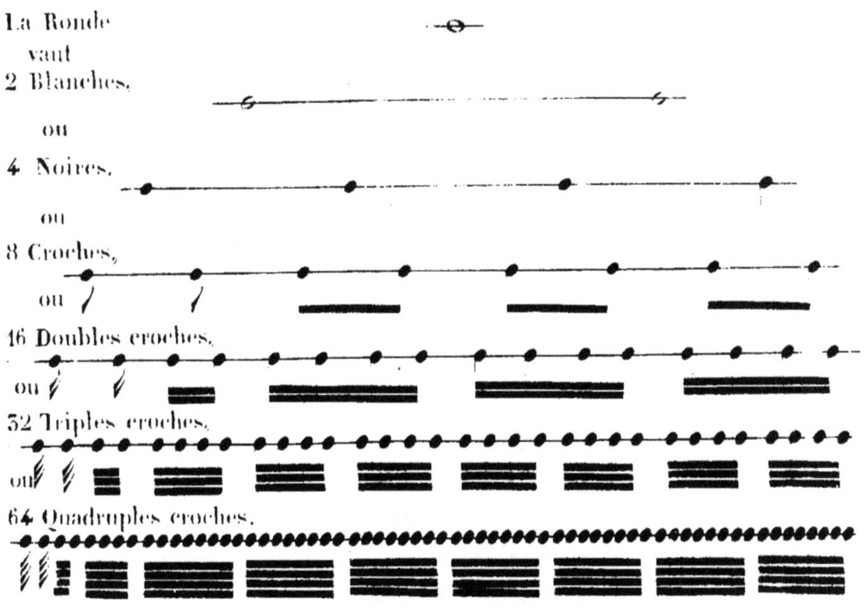

9e LEÇON.

SUBDIVISIONS.

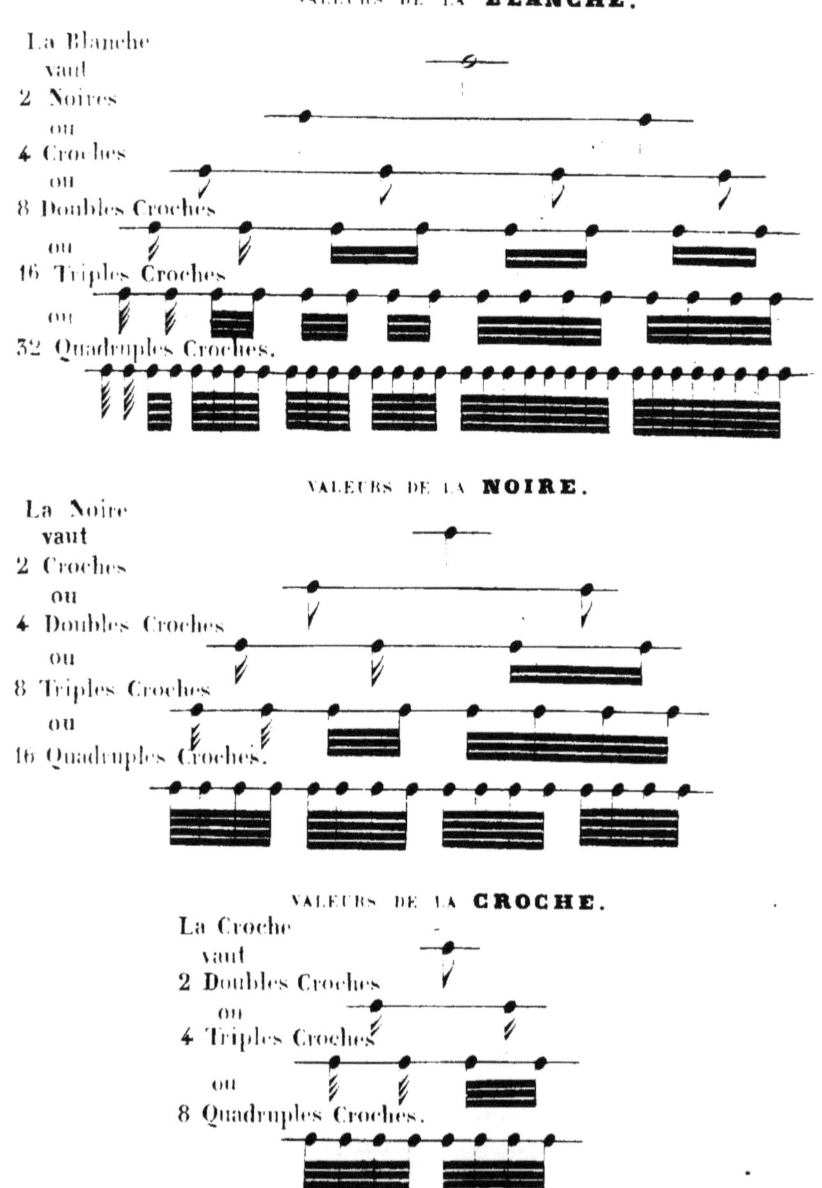

VALEUR DE LA **DOUBLE CROCHE**.

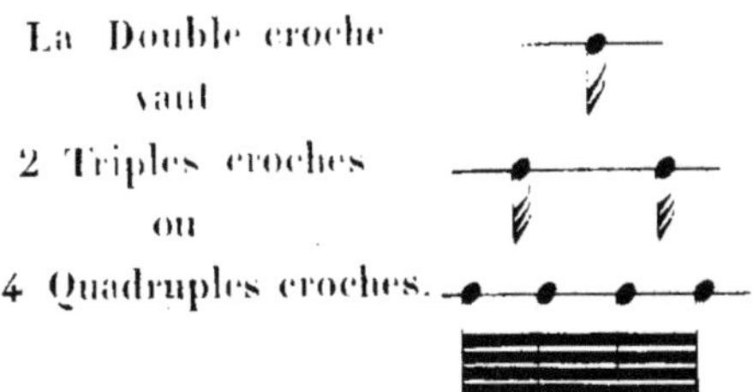

VALEUR DE LA **TRIPLE CROCHE**.

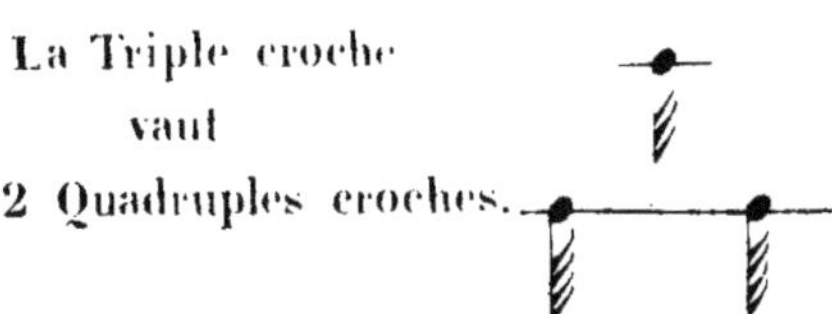

10e LEÇON.

DES **SILENCES**.

Les *Silences* servent à remplacer les notes pendant les repos.

Il y a autant de *Silences* que de Notes:

La *Pause*, la *Demi-Pause*, le *Soupir*, le *Demi-Soupir*, le *Quart de Soupir*, le *Demi-quart de Soupir*, et le *Seizième de Soupir*.

EXEMPLE DES **FIGURES** DES **SILENCES** ET COMPARAISON DES **VALEURS**.

Pause.	Demi-Pause.	Soupir.	Demi-Soupir.	Quart de Soupir.	Demi-quart de Soupir.	Seizième de Soupir.
vaut une Ronde.	vaut une Blanche.	vaut une Noire.	vaut une Croche.	vaut une Double Croche.	vaut une Triple Croche.	vaut une Quadruple Croche.

11

11e LEÇON.

DE LA RELATION DES SILENCES.

La *relation des silences* est la même que celle des notes.

La *Pause* vaut 2 *Demi-pauses*, ou 4 *Soupirs*, ou 8 *Demi-soupirs*, ou 16 *Quart de Soupir*, ou 32 *Seizième de Soupir*.

Les *Subdivisions* sont par conséquent aussi les mêmes que celles des notes.

La *Demi-pause* vaut 2 *Soupirs*, ou 4 *Demi-soupirs*, ou 8 *Quart de soupir*, ou 16 *seizième de soupir*.

Le *Soupir* vaut 2 *Demi-soupirs*, 4 *Quart de soupir*, 8 *Seizième de soupir*; et ainsi de suite.

12e LEÇON.

DES INTERVALLES.

On nomme *Intervalle* la distance qu'il y a d'une note à une autre note, ou d'un degré à un autre degré.

Exemple des *Intervalles naturels* de la gamme de *Do* à *Do*:

En montant.

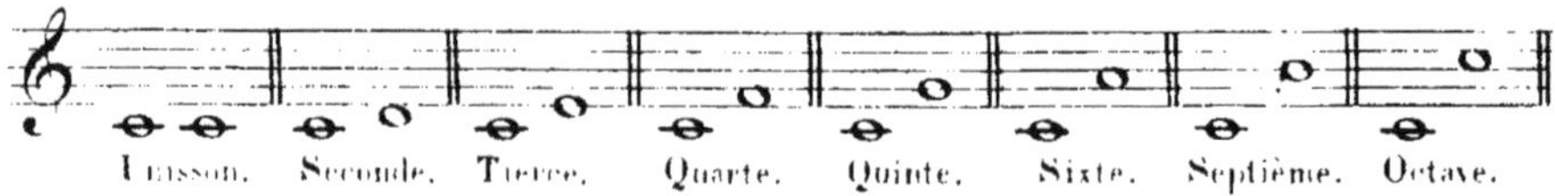

En descendant.

15e LEÇON.

DES INTERVALLES RENVERSÉS.

Le *Renversement* d'un intervalle consiste en transportant à l'octave *au dessus* la note inférieure ou à l'octave *au dessous* la note supérieure.

En montant.

Unisson. Seconde. Tierce. Quarte. Quinte. Sixte. Septième. Octave.

En descendant.

Octave. Septième. Sixte. Quinte. Quarte. Tierce. Seconde. Unisson.

Renversement.

En descendant.

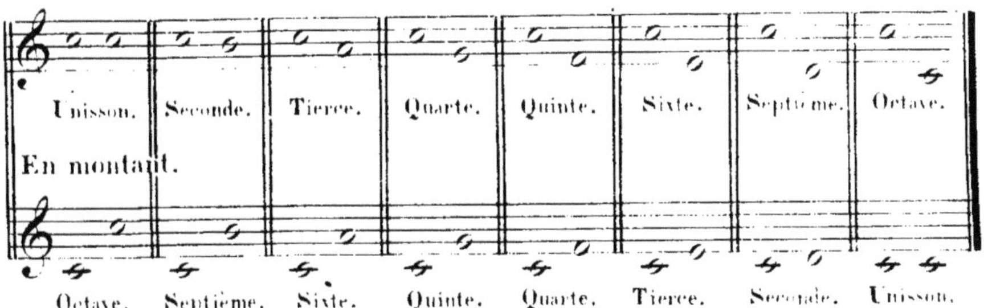

Les intervalles se comptent généralement du *grave* à l'*aigu* mais il est nécessaire de s'exercer aux *Renversémens*.

14ᵉ LEÇON.

DU **TON** ET DU **DEMI-TON**.

Les séries de notes sont divisées par des tons et des demi-tons.

On nomme *demi-ton* deux sons des plus rapprochés ou deux notes qui se touchent au Piano. (Voyez la figure de l'octave du Clavier.(page 15.)

Par exemple dans la gamme de *Do* à *Do* il y a un *demi-ton* de *Mi* à *FA*, et un *demi-ton* de *Si* à *Do*.

On nomme *Ton* les deux sons que produisent deux notes qui sont séparées par un demi-ton.

Exemple des *Tons* dans la gamme de *Do*.

Il y a *cinq Tons* et *deux Demi-tons* dans une octave: ou *douze Demi-tons*.

15ᵉ LEÇON.

DU **POINT**.

Lorsqu'on met un *Point* après une note ou un silence, on augmente leur valeur de moitié.

EXEMPLES.

16e LEÇON.

DU **SECOND POINT.**

Lorsqu'il y a *deux points* le *deuxième* a la moitié de la valeur du premier.

EXEMPLES.

S'il y avait un *troisième point* il vaudrait la moitié du second.

17e LEÇON.

DES **MESURES.**

La *Mesure* est le partage de la durée des Notes ou des Silences en plusieurs parties égales qu'on nomme *Temps.*

Il y a *trois espèces de mesures:* la mesure à *deux temps,* la mesure à *trois temps,* et la mesure à *quatre temps.*

Elles se divisent en *mesures simples* et en *mesures composées.*

MESURES SIMPLES ET LEURS VALEURS ÉQUIVALENTES.

Mesure à 2 temps. Mes: à 2/4 Mes: à 3 temps. Mes: à 3/8 Mes: à 4 temps.

C ou 2 ou 2/2 — 2/4 — 3 ou 3/4 — 3/8 — C

Valeur. Valeur. Valeur. Valeur. Valeur.

18e LEÇON.

MESURES COMPOSÉES ET LEURS VALEURS.

L'on voit par ces exemples que le chiffre d'en-haut indique la *quantité de valeur* et le second la *qualité de valeur.*

Si le chiffre *inférieur* représente un 1, c'est la Ronde;

Si c'est un 2, c'est la Blanche; si c'est un 4, la Noire;

Si c'est un 8, la Croche, si c'est un 16, la Double croche.

19e LEÇON.

DE LA **MESURE.**

L'on nomme aussi *Mesure* l'espace formé par deux petites barres verticales entre lesquelles on pose les Notes ou les silences formant les temps de la mesure indiquée à la clef.

EXEMPLE.

Pour donner à *chaque temps* une durée égale *on bat la mesure.*

On appelle *battre la mesure,* marquer très également la division des temps avec la main.

MANIÈRE DE BATTRE LA MESURE.

La mesure à *Deux Temps.*

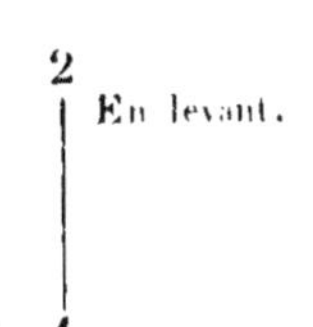

La mesure à *Trois Temps.*

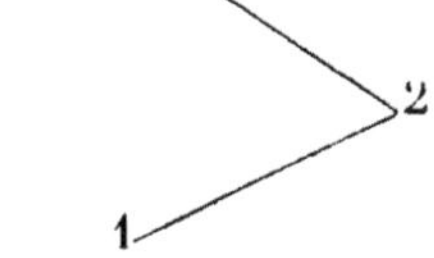

Mesure à *quatre Temps.*

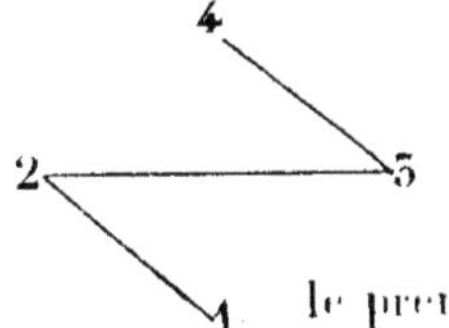

Il faut battre la mesure par des mouvemens décidés.

L'on nomme *Temps fort* le premier temps, et *Temps faible* le second temps.

20e LEÇON.

DU **DIÈZE** DU **BÉMOL** ET DU **BÉCARRE**.

Chaque note peut être *haussée* et *baissée* d'un *demi-ton* et même d'un *ton* tout en conservant son nom.

L'on nomme *Dièze* le signe qui indique que la note est haussée d'un *demi-ton*. ♯ (Dièze)

L'on nomme *Bémol* le ♭ qui indique que la note est baissée d'un *demi-ton*.

Lorsque l'on veut remettre la note haussée ou baissée dans son état naturel l'on emploie un signe nommé *Bécarre* qui détruit l'effet du Dièze et du Bémol. ♮ (Bécarre)

Ces différens signes se posent devant la note que l'on veut altérer.

EXEMPLES:

21e LEÇON.

DU **DOUBLE DIÈZE** DU **DOUBLE BÉMOL** ET DU **DOUBLE BÉCARRE**.

Lorsque l'on veut hausser la note *d'un ton* l'on emploie le *double Dièze* dont voici les signes: ✕ ou ♯♯.

Lorsque l'on veut baisser la note *d'un Ton* l'on emploie le *Double Bémol*: 𝄫

Lorsque l'on veut remettre une note *doublement altérée* dans son état naturel l'on emploie le *double Bécarre*: ♮♮

EXEMPLES:

Lorsque l'on veut ne baisser ou ne hausser la note *doublement altérée* que d'*un demi-ton*, l'on met un *Bécarre* suivi d'un Dièze ou d'un Bémol.

EXEMPLES:

Le *Dièze*, le *Bémol* et le *Bécarre* étant employés dans le courant d'un morceau de musique, se nomment *signes accidentels*, parce qu'ils modifient accidentellement le Son des Notes.

Une Note altérée dans la mesure restera *telle* pendant toute la mesure, à moins qu'un signe contraire ne la remette dans son état primitif.

22e LEÇON.

FIGURE D'UNE OCTAVE DE PIANO.

Pour bien faire comprendre les *Tons*, les *Demi-tons*, les *Altérations*, les *Intervalles* et les *Genres* il faut se servir de la *figure d'une Octave de Clavier*.

Les Enfans se familiariseront en même temps avec l'Instrument.

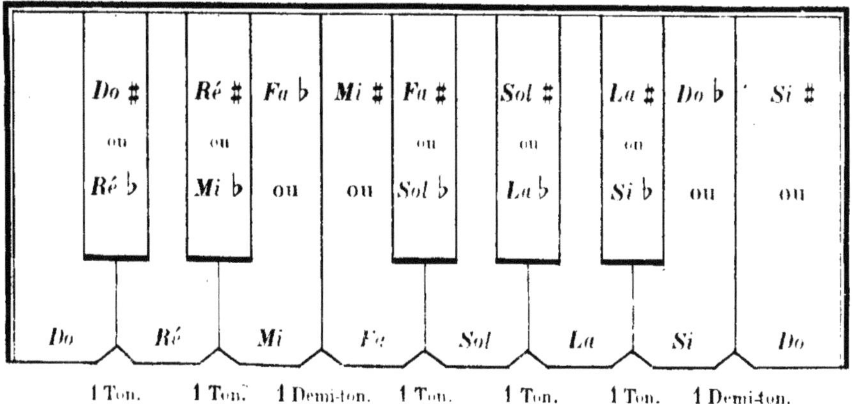

23e LEÇON.

DES DIFFÉRENTES ACCEPTIONS DU MOT **TON.**

1° Nous avons dit que le *Ton* était un des intervalles de *Sons* qui constituent la Gamme.

2° On donne aussi le nom de *Ton* à la *note principale* sur laquelle un morceau de musique est établi.

3° On dit *prendre* ou *donner le Ton* pour fixer le degré d'élévation d'une note qui doit être la même pour des voix ou des Instrumens concourant ensemble à l'execution d'un morceau.

24e LEÇON.

NOMS GÉNÉRIQUES DES **SEPT NOTES.**

Exemple du *Ton de Do* qui est applicable à tous les autres Tons.

Tonique ou 1re note du Ton.	Sus-Tonique ou 2e note du Ton.	Médiante ou 3e note du Ton.	Sous-Dominante ou 4e note du Ton.	Dominante ou 5e note du Ton.	Sus-Dominante ou 6e note du Ton.	Note Sensible (1) ou 7e note du Ton.

(1) Cette note est nommée *sensible* parce qu'elle fait particulièrement pressentir la *tonique* et a pour elle une grande attraction.

25e LEÇON.

DES **MODES.**

Le *Mode* est l'ordre dans lequel les *tons* et les *demi-tons* de la gamme sont rangés. De cet arrangement dépend le caractère affecté au *Ton.*

Il y a *deux Modes:* Le *Mode majeur* et le *Mode mineur.*

Dans le mode majeur la *Tierce* et la *Sixte* sont *majeures.*

La Tierce majeure est composée *de deux tons*, et la Sixte majeure est composée de *quatre tons et un demi-ton*.

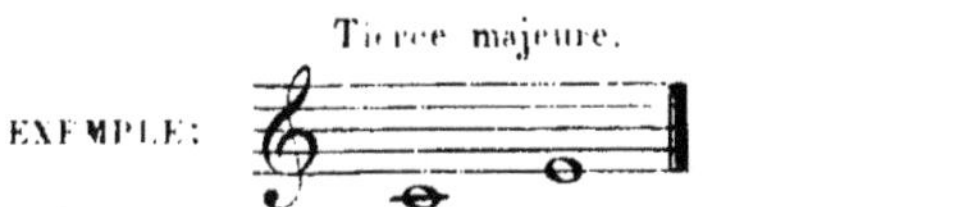

Dans le Mode mineur la *Tierce* et la *Sixte* sont *mineures*.

La Tierce mineure est composée d'*un ton et demi*.

La Sixte mineure est composée de *trois tons et deux demi-tons*.

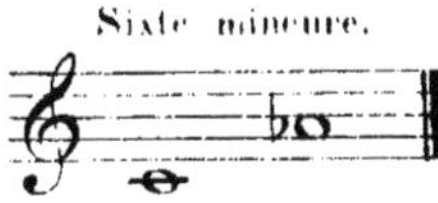

On dit *deux demi-tons* au lieu d'*un ton* lorsque les demi-tons sont à distance l'un de l'autre.

26e LEÇON.

DES TONS MAJEURS ET MINEURS.

Il y a *douze notes* dans la gamme de l'octave. Chacune de ces notes peut être prise pour la *Tonique* d'un *Ton Majeur* et d'un *Ton Mineur*.

Il y a donc *douze Tons Majeurs* et *douze Tons Mineurs*. Chaque Ton devant suivre la progression naturelle des intervalles de sons que contient la *gamme de Do*, l'emploi des *Dièzes* et des *Bémols* est indispensable. Moyennant l'emploi des Dièzes et des Bémols l'on obtient la progression des intervalles naturels de la *gamme de Do*.

Les Sept notes qui forment les intervalles naturels de la gamme ont chacune *un Dièze* et *un Bémol*: il y a donc *sept Dièzes et sept Bémols*.

L'on pose les ♯ (Dièzes) et les ♭ (Bémols) au commencement de la portée après la clef: ils deviennent alors le signe caractéristique de la tonalité, et restent Dièzes ou Bémols pendant tout le morceau, excepté lorsqu'un ♮ (Bécarre) vient détruire momentanément le ♯ ou le ♭.

Chaque *Ton majeur* a son *Ton relatif mineur* qui porte les *mêmes signes* à la Clef.

27e LEÇON.

PRINCIPES DES **DIÈZES**.

Le premier Dièze est *Fa* ♯, le second *Do* ♯, le troisième *Sol* ♯, le quatrième *Ré* ♯, le cinquième *La* ♯, le sixième *Mi* ♯, et le septième *Si* ♯.

EXEMPLES.

*Le Ton mineur *relatif* du Ton majeur se trouve toujours à la distance d'une *tierce mineure* au dessous du Ton Majeur.

REMARQUE. Dans les Tons majeurs le *dernier Dièze* est toujours posé sur la Note *sensible* du Ton: Fa ♯ est la Note Sensible de Sol; Do ♯ est la note sensible de Ré; et ainsi de suite.

28ᵉ LEÇON

PRINCIPES DES BÉMOLS.

Le premier Bémol est *Si* ♭, le second *Mi* ♭, le troisième *La* ♭, le quatrième *Ré* ♭, le cinquième *Sol* ♭, le sixième *Do* ♭, et le septième *Fa* ♭.

EXEMPLES.

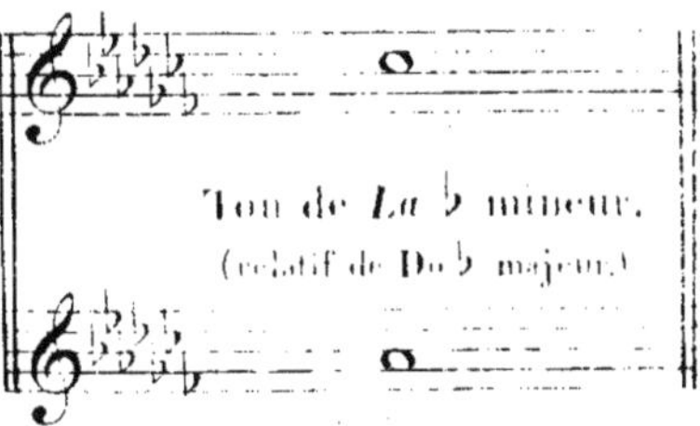

REMARQUE. Dans les Tons majeurs l'avant dernier Bémol se trouve toujours posé sur la Tonique.

29e LEÇON

TABLEAU GÉNÉRAL DES VINGT-QUATRE GAMMES MAJEURES ET MINEURES.

FORMATION DE LA GAMME MAJEURE.

DO MAJEUR.

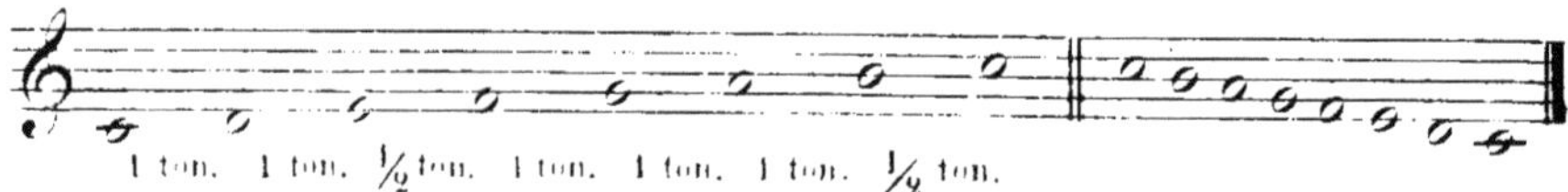

FORMATION DE LA GAMME MINEURE.

LA MINEUR.

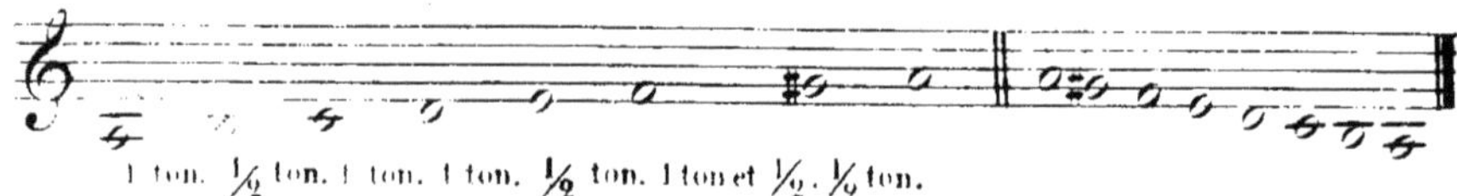

Les mêmes divisions de **Tons** et de **Demi-tons** existent dans toutes les autres gammes majeures et mineures. Il faut que les Enfans apprennent à les *former toutes* en suivant l'ordre des Tons et demi-tons des deux gammes de *Do majeur* et de *La mineur* qui serviront de modèles. Il sera aussi très utile de réciter et de chanter toutes les gammes avec leurs différentes dénominations, quoique toujours avec les ***intonations*** de la gamme de *Do* ou de *Si* qui sont les seules que l'enfant puisse atteindre à faise après quelques temps d'exercice.

30e LEÇON.

SOL MAJEUR.

Les gammes sont écrites en entier dans tous les **Tons** afin d'en faciliter l'étude *théorique* et non pour être chantées.

31e LEÇON.

FA MAJEUR.

32e LEÇON.

RÉ MAJEUR.

33e LEÇON.

SI♭ MAJEUR.

34e LEÇON.

LA MAJEUR.

35e LEÇON.

MI♭ MAJEUR.

36e LEÇON.

MI MAJEUR.

37e LEÇON.

LA ♭ MAJEUR.

38e LEÇON.

SI MAJEUR.

39e LEÇON.

RÉ ♭ MAJEUR.

40e LEÇON.

FA ♯ MAJEUR.

41e LEÇON.

SOL ♭ MAJEUR.

REMARQUE: Fa ♯ majeur et Sol ♭ majeur ont les mêmes intonations, ainsi que Ré ♯ mineur et Mi ♭ mineur.

42e LEÇON.

DO ♯ MAJEUR.

43e LEÇON.

DO ♭ MAJEUR.

REMARQUE: Do ♯ majeur et Ré ♭ majeur ont les mêmes intonations ainsi que La ♯ mineur et Si ♭ mineur.
Do ♭ majeur et Si majeur ont les mêmes intonations ainsi que La ♭ mineur et Sol ♯ mineur.

44e LEÇON.

DES GENRES.

Il y a *trois Genres:* Le *Diatonique*, le *Chromatique* et l'*Enharmonique*.

DU GENRE DIATONIQUE.

Le genre *Diatonique* est celui qui procède par les *Tons* et les *Demi-tons naturels* des gammes majeures et mineures.

GAMME DIATONIQUE MAJEURE.

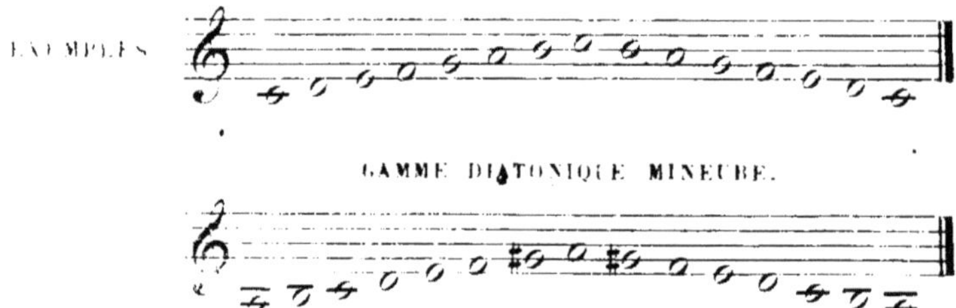

45e LEÇON.

DU GENRE CHROMATIQUE.

Le genre *Chromatique* est celui qui procède par *Demi-tons*.

GAMME CHROMATIQUE.

On monte les gammes Chromatiques par Dièzes et on les descend par Bémols pour éviter les Bécarres qui multiplieraient les signes accidentels.

EXEMPLE.

Dans les Tons *dièzés* la gamme monte et descend par *dièzes*; dans les Tons *bémolisés* elle monte et descend par *bémols*.

46e LEÇON.

DU GENRE **ENHARMONIQUE**.

Le genre *Enharmonique* consiste dans un *même Son* ou une *même Note* au Piano, ayant *deux noms différens*.

EXEMPLE.

GAMME ENHARMONIQUE.

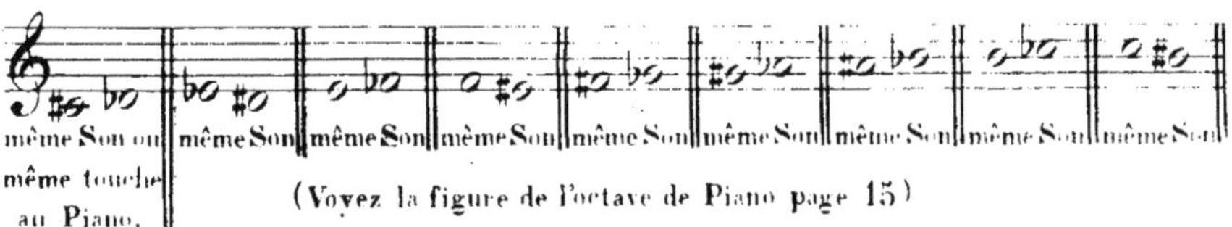

L'on pourrait bien séparer par un demi-quart de Ton les deux notes portant deux noms différens et ayant le *même son*; mais le nombre des Touches du Piano étant limité, et toute espèce de musique devant pouvoir s'exécuter au Piano, il est nécessaire de tout rapporter à cet instrument.

47e LEÇON.

DES **DEMI-TONS**.

Il y a deux espèces de Demi-tons: le *Demi-ton Diatonique* et le *Demi-ton Chromatique*. Le *demi-ton Diatonique* est celui dont les deux notes ont deux noms différens.

EXEMPLES:

Le *demi-ton Chromatique* est celui dont les deux notes portent le même nom.

EXEMPLES: 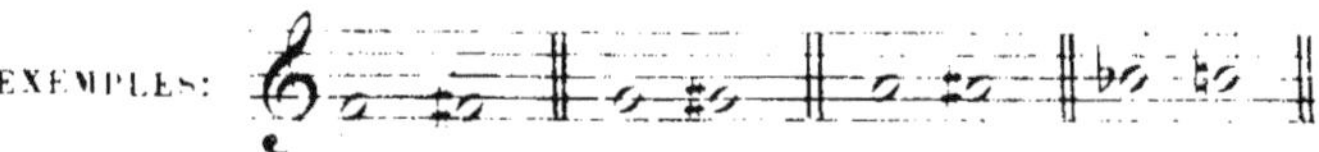

48? LEÇON.

DES INTERVALLES **ALTÉRÉS**.

Nous avons dit que la gamme renfermait cinq Tons et deux Demi-tons par ordre Diatonique ou douze Demi-tons par ordre Chromatique.

Nous avons nommé les Intervalles naturels de la gamme; mais chacun de ces Intervalles peut être altéré de plusieurs manières: il peut être *majeur*, *mineur*, *augmenté* ou *diminué*.

EXEMPLES DES INTERVALLES AVEC LEURS PRINCIPALES ALTÉRATIONS.

LES TROIS ESPÈCES DE **SECONDES**.

Seconde majeure. Seconde mineure. Seconde augmentée.

1 ton. ½ ton. un ton et demi.

REMARQUE. Il faut que dans les leçons sur les différens Intervalles l'élève s'habitue à distinguer le demi-ton Diatonique et le demi-ton Chromatique.

49? LEÇON.

LES TROIS ESPÈCES DE **TIERCES**.

Tierce majeure. Tierce mineure. Tierce diminuée.

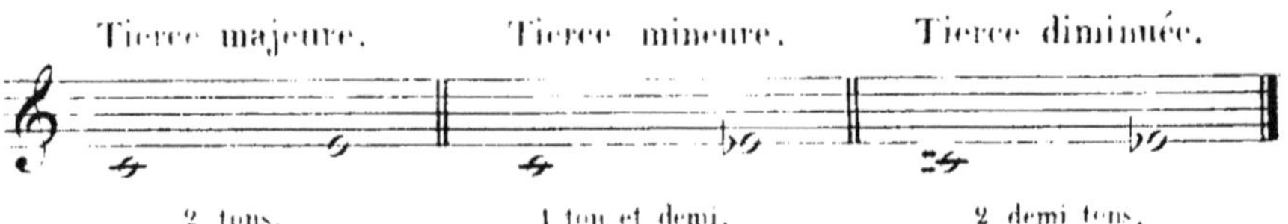

2 tons. 1 ton et demi. 2 demi-tons.

50e LEÇON.

LES TROIS ESPÈCES DE **QUARTES.**

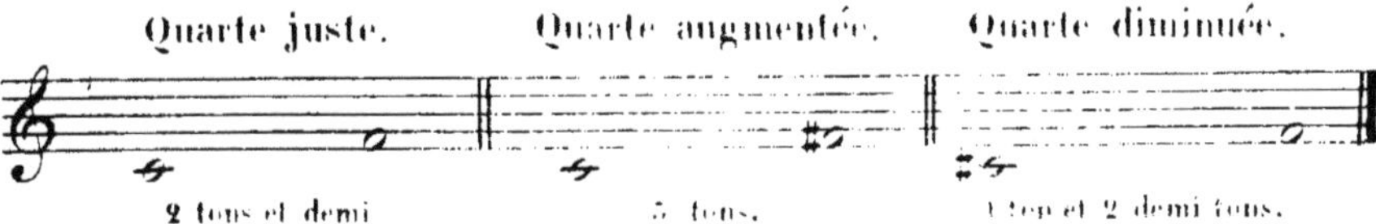

51e LEÇON.

LES TROIS ESPÈCES DE **QUINTES.**

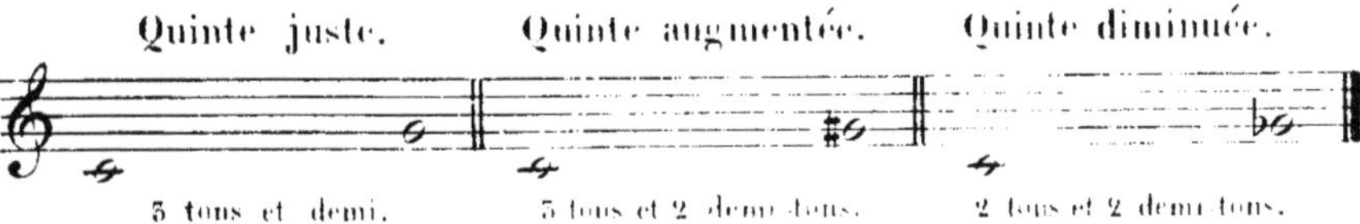

52e LEÇON.

LES TROIS ESPÈCES DE **SIXTES.**

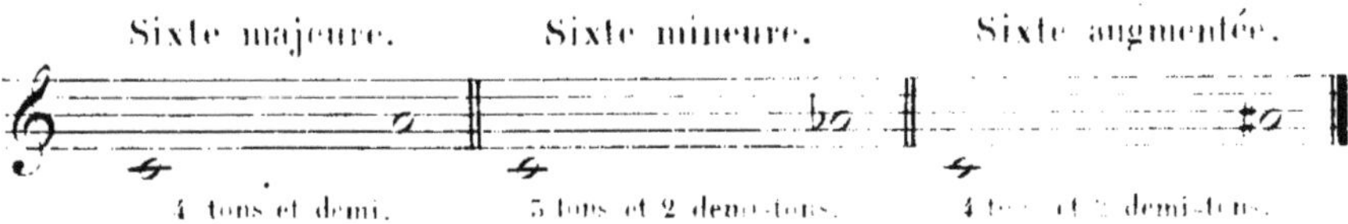

53e LEÇON.

LES TROIS ESPÈCES DE **SEPTIÈMES.**

Tous ces Intervalles ont leurs *Renversemens*. Le *renversement* consiste à transporter la note à l'octave au *dessus* ou au *dessous*.

54? LEÇON.

DES INTERVALLES RENVERSÉS.

Les *trois Secondes* et leurs *Renversemens.*

Seconde majeure. Seconde mineure. Seconde augmentée.

Renversemens. Septième mineure. Septième majeure. Septième diminuée.

55? LEÇON.

Les *trois Tierces* et leurs *Renversemens.*

Tierce majeure. Tierce mineure. Tierce diminuée.

Renversemens. Sixte mineure. Sixte majeure. Sixte augmentée.

REMARQUE. *Par le renversement*, les intervalles majeurs deviennent mineurs;
Les intervalles mineurs deviennent majeurs;
Les intervalles augmentes deviennent diminues; et les intervalles diminués deviennent augmentes.
Il n'y a que la Quarte et la Quinte *justes* qui restent *telles* par le Renversement.

56? LEÇON.

Les *trois Quartes* et leurs *Renversemens.*

Quarte juste. Quarte augmentée. Quarte diminuée.

Renversemens. Quinte juste. Quinte diminuée. Quinte augmentée.

57ᵉ LEÇON.

Les *trois Quintes* et leurs *Renversemens.*

Quinte juste. Quinte augmentée. Quinte diminuée.

Renversemens. Quarte juste. Quarte diminuée. Quarte augmentée.

58ᵉ LEÇON.

Les *trois Sixtes* et leurs *Renversemens.*

Sixte majeure. Sixte mineure. Sixte augmentée.

Renversemens. Tierce mineure. Tierce majeure. Tierce diminuée.

59ᵉ LEÇON.

Les *trois Septièmes* et leurs *Renversemens.*

L'Unisson renversé.

60e LEÇON.

DES CONSONNANCES ET DES DISSONNANCES.

DE LA CONSONNANCE.

L'on nomme *Consonnance* plusieurs sons différens chantés ou joués simultanément et qui produisent un effet agréable à l'oreille.

CONSONNANCES NATURELLES DE LA GAMME MAJEURE.

Les Notes écrites l'une sur l'autre s'exécutent ensemble.

61e LEÇON.

CONSONNANCES NATURELLES DE LA GAMME MINEURE.

62e LEÇON.

DE LA DISSONNANCE.

L'on nomme *Dissonnance* deux Sons exécutés à la fois et produisant un effet discordant.

DISSONNANCES NATURELLES DE LA GAMME MAJEURE.

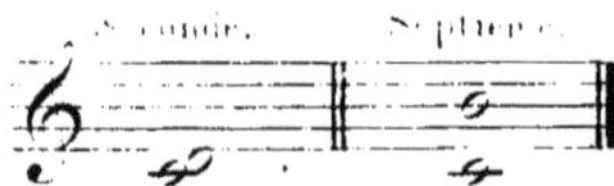

DISSONNANCES NATURELLES DE LA GAMME MINEURE.

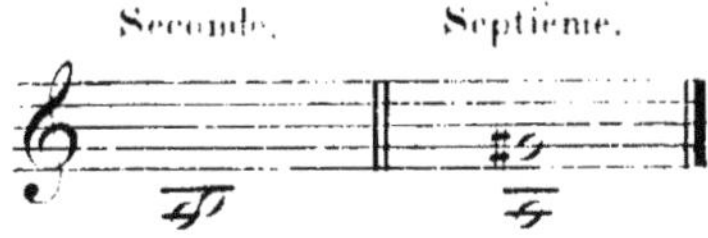

65e LEÇON.

DU TRIOLET.

Le *Triolet* est la réunion de trois notes dont la valeur est celle de deux.

On désigne le Triolet par un 3.

EXEMPLES.

On nomme *Sixaines* les *Doubles Triolets* ou les six pour deux, et on les désigne par un 6.

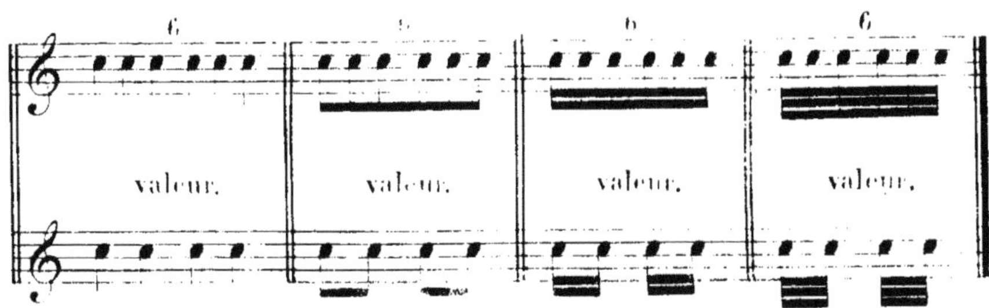

64ᵉ LEÇON.

DE LA **LIAISON** ET DE LA **SYNCOPE**.

La *Liaison* est un signe qui indique qu'il faut *lier* ou *couler* les notes entr'elles.

EXEMPLES:

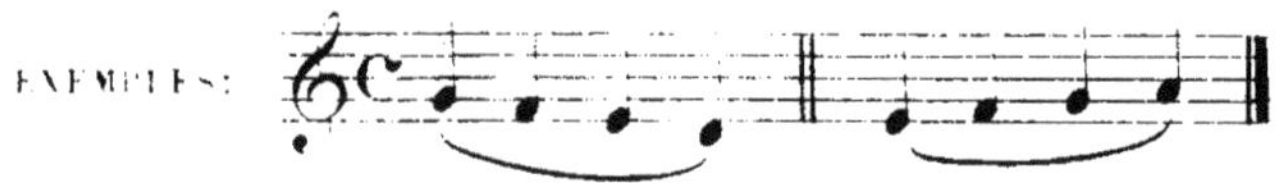

Le même signe sert aussi à former la *Syncope*.

La *Syncope* est l'union de *deux mêmes Notes* liées ensemble et dont la seconde ne se répète pas.

EXEMPLE:

65ᵉ LEÇON.

DU **DÉTACHÉ**.

Le *Détaché* est le contraire du *Lié* il se marque par des points. Il faut alors séparer les notes entr'elles en quittant subitement chaque Son aussitôt qu'il est produit.

EXEMPLE:

REMARQUE. Ce n'est qu'à l'audition des exemples chantés et joués par le professeur que l'élève distinguera la *liaison* et le *détaché*.

Le professeur devra faire remarquer que lors même que les notes n'ont pas le signe de la liaison, elles doivent être liées quand même si elles n'ont pas des points, indiquant qu'il faut les détacher.

66ᵉ LEÇON.

DE L'ACCOLADE ET DE LA REPRISE.

L'on nomme *Accolade* le signe qui sert à réunir *plusieurs Portées.*

EXEMPLE:

Le contenu de plusieurs Portées réunies par l'accolade doit s'exécuter ensemble.

La *Reprise* est un Signe formé par deux *barres épaisses* qui traversent la Portée et qui indiquent la fin d'un morceau ou d'une fraction de morceau.

Lorsque ces deux Barres sont précédées ou suivies de *deux points* il faut exécuter *deux fois* le côté qui est pointé.

EXEMPLES.

Les chants qui forment ces exemples sont des *Phrases* musicales.

Les élèves peuvent les *Solfier*

Solfier signifie chanter en nommant les Notes, en observant exactement leurs différentes valeurs, et en partageant les temps de la mesure avec une parfaite égalité en les marquant avec la main. On peut aussi solfier en *parlant* c'est-à-dire en nommant les Notes sans les chanter.

67e LEÇON.

DU RENVOI ET DU POINT D'ORGUE.

Le Signe du *Renvoi* 𝄋 placé à la fin d'un morceau, signifie qu'il faut recommencer à l'endroit du morceau où le même signe est posé.

On ajoute ordinairement au Signe du Renvoi un **D** et un **C** ce qui veut dire *Da Capo* et signifie la même chose que le Renvoi.

DU POINT D'ORGUE.

Le *Point d'Orgue* ou le *Point d'Arrêt* est un Signe qui indique une tenue ou un silence illimité.

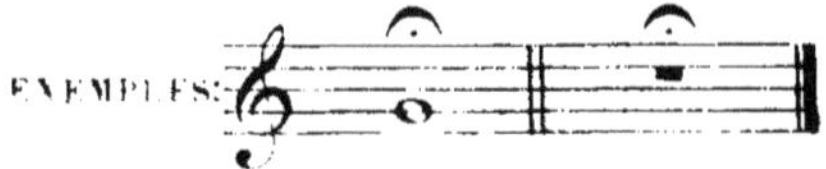

68e LEÇON.

DES PAUSES.

Une *Pause* représente la valeur d'une mesure quelconque.

EXEMPLE DE PAUSES DE PLUSIEURS MESURES.

Pause de *deux mesures*. Pause de *quatre mesures*.

Pauses de *dix-neuf mesures*. ou 19 Pauses de *vingt-sept mesures*. ou 27 ou 27

69ᵉ LEÇON.

DU MOUVEMENT ET DES NUANCES.

Le *mouvement* est le degré de vitesse ou de lenteur que l'on donne à la mesure d'un morceau.

Les *Nuances* consistent dans le degré de force ou de faiblesse que l'on donne aux notes.

Le mot *Piano* a deux significations: c'est d'abord le nom de l'*Instrument*, ensuite il est employé comme adjectif et veut dire *doux* dans ce sens on ne le désigne que par un *p*.

EXEMPLE:

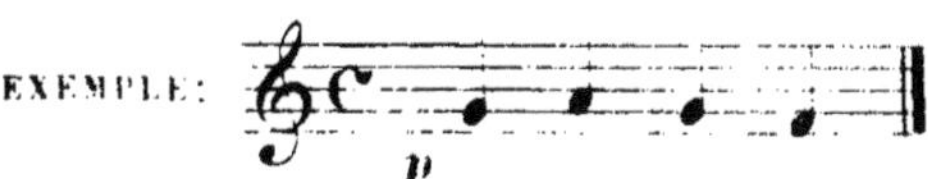

On emploie aussi le mot Italien *dolce* qui veut dire *doux*.

Lorsqu'il y a deux *pp* cela signifie *pianissimo* ou *très doux*.

Lorsque l'on veut donner de la force aux notes on marque le fort par un *f*.

EXEMPLE:

Deux *ff* signifient *fortissimo*, très fort.

70e LEÇON.

DU CRESCENDO ET DU DECRESCENDO.

Ce mot Italien est fréquemment employé pour indiquer *l'augmentation progressive* de la force des Sons. On l'écrit le plus souvent en abrégé: *cresc:*

Lorsqu'il faut augmenter peu, on écrit *poco cresc. (poco veut dire peu.)*

On emploie souvent un Signe équivalent au *crescendo.* <

EXEMPLE:

Le *Decrescendo* est le contraire du *Crescendo.*

Il signifie qu'il faut diminuer la force des Sons; On l'indique par les abrégés: *decresc.* ou *dim.* ou le Signe équivalent: >

EXEMPLE:

71e LEÇON.

DE DIFFÉRENTS MOTS ET SIGNES INDIQUANT CERTAINES NUANCES.

L'on rencontre souvent *mf* et *mp*.

Ce sont les abrégés de *mezzo forte, moitié fort,* et *mezzo piano, moitié doux.*

Lorsque l'on veut *renforcer une seule note* on y met *rinforzando* ou *sforzando* en abrégé; on l'indique aussi par des signes équivalens:

EXEMPLES:

Le mot italien *sempre* veut dire *toujours*.
Sempre piano. Toujours doux.
Sempre legato. Toujours lié.
Sempre staccato. Toujours détaché.
Sempre forte. Toujours fort.

72e. LEÇON.

DEUXIÈME MANIÈRE DU MODE MINEUR.

La Sixte et la Septième sont *majeures* en montant et *mineures* en descendant.

LA MINEUR.

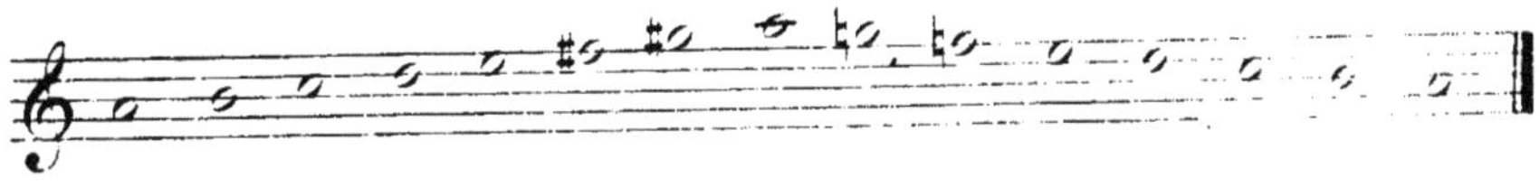

MI MINEUR.

73e. LEÇON.

SI MINEUR.

FA ♯ MINEUR.

74e. LEÇON.

DO ♯ MINEUR.

SOL ♯ MINEUR.

75e LEÇON.

RE ♯ MINEUR.

LA ♯ MINEUR.

76e LEÇON.

RE MINEUR.

SOL MINEUR.

77e LEÇON.

DO MINEUR.

FA MINEUR.

78e LEÇON.

SI ♭ MINEUR.

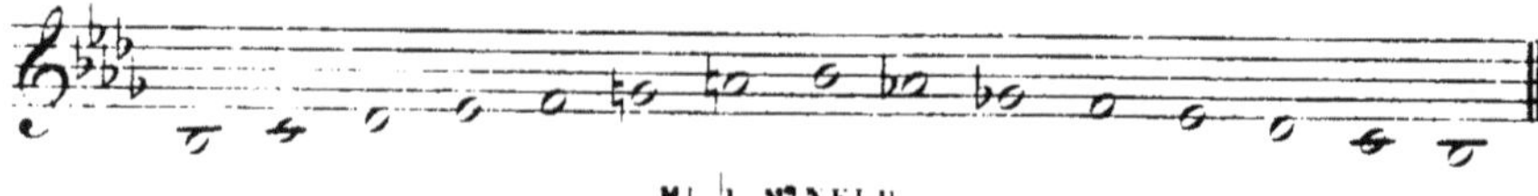

MI ♭ MINEUR.

LA ♭ MINEUR.

79e LEÇON.

Principaux termes Italiens employés en musique pour indiquer les mouvemens.

MOUVEMENS LENTS.

Largo.	Très lentement.
Larghetto.	Un peu moins lent.
Adagio.	Lent.
Lento.	Lent.
Andante.	Assez lent.
Andentino.	Moins lent.
Moderato.	Modéré.

80e LEÇON.

MOUVEMENS VIFS.

Prestissimo.	Aussi vite que possible.
Presto.	Très vite.
Allegro.	Vite.
Allegretto.	Moins vite.
Vivace.	Vif.
Agitato.	Agité.
Con fuoco.	Avec feu.
Molto.	Beaucoup.
Scherzando.	En badinant.
Ad libitum.	A volonté.

81e LEÇON.

DES ABRÉVIATIONS.

L'*Abréviation* consiste dans la manière de représenter plusieurs notes par une seule.

EXEMPLES.

Les abréviations ne sont employées que dans la musique instrumentale.

82e LEÇON.

DE L'OCTAVA.

Pour éviter les lignes supplémentaires trop multipliées l'on met *Octava* en abrégé: 8e.............. ce qui signifie qu'il faut jouer *une octave au-dessus* des notes indiquées.

Lorsque l'effet du Signe 8e... doit cesser l'on supprime les points et l'on ajoute ordinairement *loco*, ce qui veut dire qu'il faut exécuter les notes à l'endroit où elles sont notées.

EXEMPLE:

83e LEÇON.

DES DIVERSES CLEFS.

Les *diverses clefs* servent à simplifier la lecture des notes qui deviendraient illisibles par l'emploi d'un nombre considérable de lignes suplémentaires.

La Clef de *Sol* et la Clef de *Fa 4e ligne* sont les plus essentielles à connaître pour commencer le Piano.

CLEF DE **FA 4e LIGNE.**

Fa, Mi, Ré, Do, Si, La, Sol, Fa, Mi, Ré, Do, Si, La, Sol, Fa,

Fa, Sol, La, Si, Do, Ré, Mi, Fa, Sol

84e LEÇON.

EXERCICE DE LECTURE SUR LA **CLEF DE FA.**

85e LEÇON.

CLEF DE **DO 1re LIGNE**.

86e LEÇON.

CLEF DE **DO 2e LIGNE**

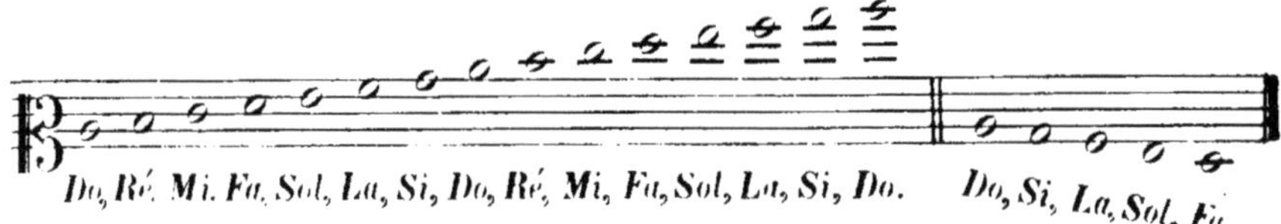

87e LEÇON.

CLEF DE **DO 3e LIGNE**

88e LEÇON.

CLEF DE **DO 4e LIGNE**.

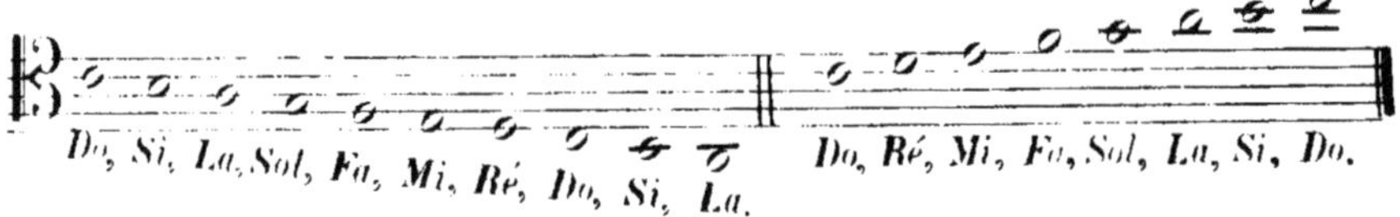

La Clef de *Fa 3e Ligne* est peu usitée.

Je ne donne ici l'indice des diverses Clefs que pour completer les Principes élémentaires, car je ne suis point d'avis de surcharger la mémoire des enfans par la lecture de Clefs qui leur sont inutiles et qu'ils oublient jusqu'à l'âge ou elles peuvent réellement leur servir.

FIN DES PRINCIPES ÉLÉMENTAIRES.

SOLFÈGE.

Il faut que les Enfans apprennent à distinguer les *Tons* et les *Demi-tons*; qu'ils chantent **piano** et *lentement*; qu'ils *respirent souvent*, et qu'ils s'appliquent à une *parfaite justesse* ainsi qu'à une *bonne prononciation*.

Il n'y a point de virgules pour indiquer les respirations dans ce Solfège, parceque tous les enfans n'ont pas la respiration également longue.

Exercices à 3 notes.

2e SÉRIE. Mineur.

Exercices à 3 notes.

Exercices à 4 notes.

Exercices à 4 notes.

Exercices à 5 notes.

Suite de Ré mineur à 5 notes.

Sol majeur, à 6 notes.

Mi mineur, à 6 notes.

Fa majeur, à 7 notes.

Récréation. Lent.

Lorsque les Elèves seront arrivés à la 10e Série ils pourront commencer à chanter les petits airs avec paroles du recueil des *Concerts des Enfans.*

Il faut que les Elèves puissent chanter les exercices alternativement à 2 et à 4 temps.

Ré mineur, à 7 notes.

Sib majeur, à 6 et 7 notes.

Sol mineur, à 6 et 7 notes.

Ré majeur, à 7 notes.

Si mineur, à 7 et à 8 notes.

Suite de Si mineur, à 8 notes.

La majeur, à 7 notes.

Fa ♯ mineur, à 7 notes.

Mi♭ majeur, à 7 et 8 notes.

Do mineur, à 8 notes.

Suite de Do mineur, à 8 notes.

...vés à cette Série les Élèves pourront ajouter à leurs leçons les exerc...
roir, page 83.

Mi majeur, à 7 et à 8 notes.

Do♯ mineur, à 7 et 8 notes.

23e SÉRIE.

La♭ majeur, à 8 notes.

24e SÉRIE.

Fa mineur, à 8 notes.

25e SÉRIE.

Récréation.

Si majeur, à 8 notes.

Sol♯ mineur, à 7 et 8 notes.

Ré♭ majeur, à 6, 7, et à 8 notes

Si♭ mineur, à 6 et 7 notes.

Fa♯ majeur, à 7 et à 8 notes.

30.e SÉRIE.

Récréation.

Ré ♯ mineur, à 6, 7 et 8 notes.

Sol ♭ majeur, à 7 et 8 notes.

Mi♭ mineur, à 6, 7 et 8 notes.

Do majeur, à 8 notes.

Suite de Do majeur, à 8 notes.

35e SÉRIE.

Nota. Le Professeur pourra faire exercer le *détaché* dans d'autres exercices.

La mineur à 6, 7, 8 et à 9 notes.

Mélodie à 8 notes.

Exercices Chromatiques.

Suite des exercices Chromatiques.

Récréation à 5 notes.

EXERCICES À DEUX VOIX ou à DEUX PARTIES.

Les enfans exerceront chaque Tierce en ronde jusqu'à ce qu'elle soit chantée juste et ne s'occuperont pas de la mesure.

Quand les enfans auront appris cette série ils pourront commencer à solfier *l'Hermine et le Chasseur* à *deux voix* dans les *Concerts des Enfans*.

Suite des Exercices à deux voix.

Exercez chaque Sixte jusqu'à ce qu'elle soit chantée juste.

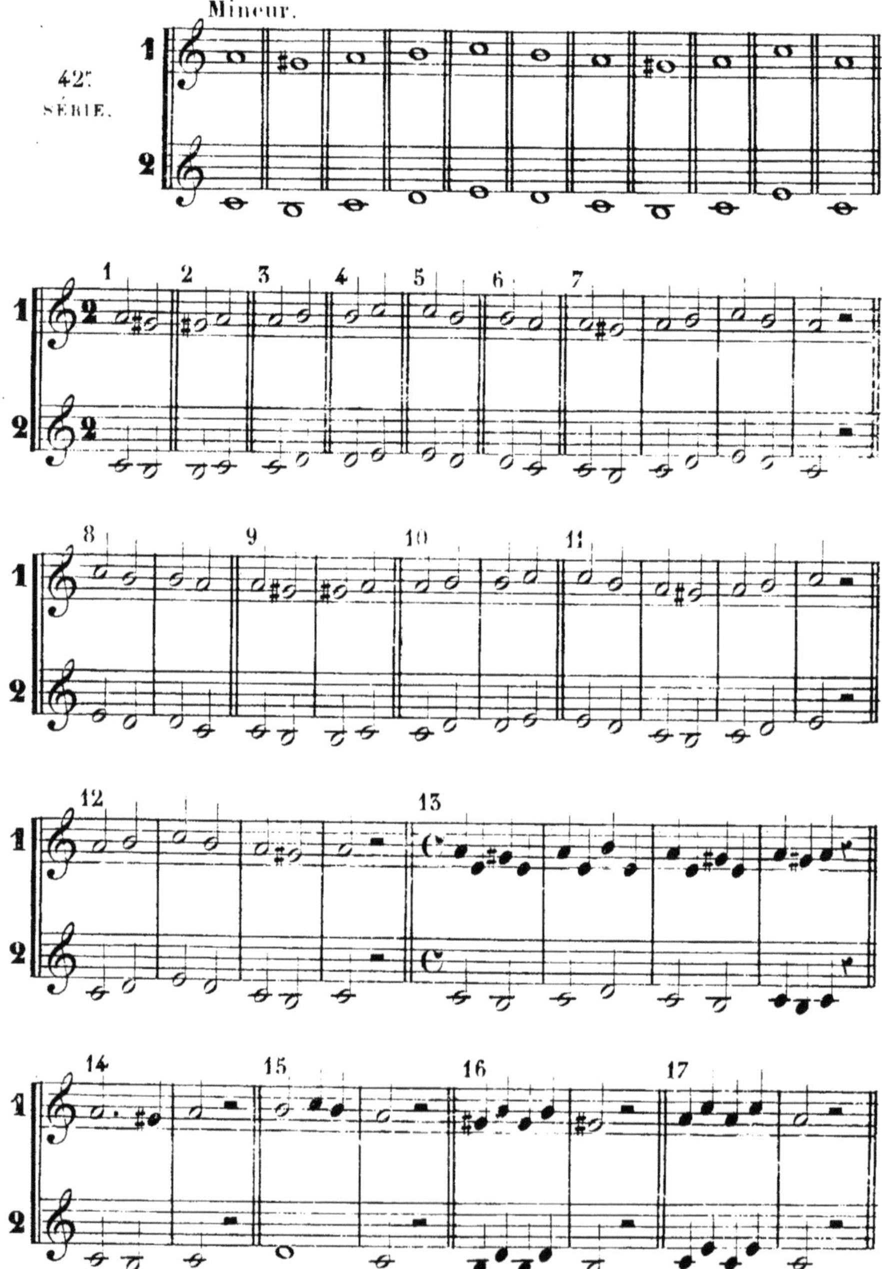

Suite des Exercices à deux voix.

43e SERIE.

Suite des Exercices à deux voix.

Suite des Exercices à deux voix.

45.e SÉRIE.

RÉCRÉATIONS À DEUX VOIX.

44e SÉRIE.

FIN DU SOLFÈGE.

TABLE DES PRINCIPES ÉLÉMENTAIRES.

TABLE DES SÉRIES DU SOLFÈGE.

www.ingramcontent.com/pod-product-compliance
Ingram Content Group UK Ltd.
Pitfield, Milton Keynes, MK11 3LW, UK
UKHW022045170726
13837UKWH00002B/790

9 782329 596341